DE LA MONARCHIE

ET

DE LA PROPRIÉTÉ.

PARIS. — IMPRIMERIE LE NORMANT FILS, RUE DE SEINE, N° 8.

DE

LA MONARCHIE

ET

DE LA PROPRIÉTÉ,

OU

CONSIDÉRATIONS

SUR LES RAPPORTS QUI EXISTENT ENTRE LA PROPRIÉTÉ ET DIVERSES SORTES DE MONARCHIES.

PAR M. DE FAVENTINE.

PARIS.

LE NORMANT PÈRE, LIBRAIRE, RUE DE SEINE, N° 8.

1831.

AVANT-PROPOS.

Je cède aux sollicitations de quelques amis qui m'ont fait considérer comme un devoir de publier cet écrit. C'est à ce seul titre que je consens à passer par-dessus toutes les peines et les sollicitudes d'une entreprise semblable. Je préviens ceux qui le liront qu'ils doivent s'attendre à de nombreuses négligences.

Je crois avoir envisagé sous un aspect nouveau les rapports nombreux qui existent entre la propriété et le pouvoir. Je cherche le point d'appui à la fois de l'ordre et de la propriété; je le trouve placé naturellement sur la puissance de conservation qui n'est autre que le pouvoir lui-même. Bien des législateurs ou écrivains, pour avoir méconnu l'origine de cette puissance, ont commis bien des fautes. En général notre intérêt nous aveugle, et nous avons besoin qu'à travers les passions qui tendent sans cesse à nous égarer, la voix de la raison se fasse entendre.

Les gouvernemens ne doivent pas être des objets de caprice ou de goût; ils doivent être respectés par cela seul qu'ils existent : ce ne sont pas les hommes qui les renversent ou qui les fondent, ces circonstances sont le produit d'une puissance plus haute.

Toute chose tend à se lier de rapports avec les objets avec lesquels elle a des affinités : la réflexion et l'expérience nous servent et n'existent en nous qu'afin que nous puissions les discerner et choisir les moyens de réprimer les écarts qui dérangent les plans de la puissance divine : sans le savoir, le plus souvent nous sommes ses agens. Toute la science humaine réside dans la plus exacte interprétation de ses lois; aussi tous les ouvrages de l'homme ont-ils pour objet d'en faire une application plus ou moins importante, soit dans les choses qui ont rapport à l'intelligence, soit dans les choses qui ont rapport aux objets matériels.

Je publierai dans quelques mois un ouvrage dans lequel je donne plus de développement à la matière qui est l'objet de cet écrit; ces quelques pages n'en sont que l'extrait. Les circonstances m'ont décidé à faire ce nouveau travail que l'on a jugé susceptible de produire quelques bons effets; je consens à le publier.

Nous croyons avoir indiqué la liaison des rapports naturels qui existent entre nos devoirs et nos intérêts : ce n'est pas chose neuve de dire que si nous remplissions nos devoirs, la société serait toujours en état de paix et de prospérité. Aujourd'hui, comme un moyen de prospérité, on ne peut plus renvoyer la société à la doctrine des devoirs, ceux qui veulent la gouverner n'en reconnaissent plus.

La religion qui jusqu'ici avait servi de guide et de moyen de conservation aux sociétés européennes, ne leur paraît plus qu'une vieille guenille; aussi chacun s'empresse-t-il de substituer la loi de son intérêt, de son goût, de ses caprices à cette loi. Nos novateurs conviennent pourtant de l'excellence de la loi chrétienne; mais ils l'admettent comme une loi purement humaine : la société serait encore dans un état bien grand de prospérité, s'ils voulaient la suivre; mais ils prétendent la perfectionner. J'ignore jusqu'à quel degré de perfection ils prétendent la porter; mais je crains fort que l'entreprise de cette œuvre ne nous rende témoins d'effets semblables à ceux qui eurent lieu lorsque les hommes voulurent se soustraire à la vengeance divine, et qu'ils élevèrent cette tour * qu'ils ne purent parvenir à achever. Ce serait le moindre des maux : on ne saurait fixer le point où s'arrêteraient des hommes qui n'ont encore montré de leur science que des proscriptions, des vengeances, de l'astuce, de la fourberie, de la violence.

Les Saint-Simoniens, plus conséquens parce qu'ils se dépouillent plus que les autres de passions, veulent obtenir la perfection par le sacrifice. A cet égard ces zélateurs sont dignes d'éloge : leur erreur est déplorable sans doute; mais du moins

* Tour de Babel.

elle n'est pas armée de violence, ils n'emploient que des moyens doux, la conviction et le temps. De nouveaux devoirs naîtraient sans doute de l'œuvre de ces deux sortes de réformateurs, s'ils parvenaient à asseoir une doctrine : que de temps, de contraintes, d'obstacles, n'auraient-ils pas à vaincre! C'est une rude tâche que de travailler pour des siècles qui oublieront jusqu'au nom même des hommes désintéressés qui font abnégation de la génération à laquelle ils appartiennent, pour ne songer qu'aux générations qui peuvent naître après eux. Je me permettrai de leur demander si réellement ils pensent remplir un devoir, en vertu de quelle doctrine ils ont mis la main à l'œuvre, puisque la leur n'est point admise encore?

Nous avons démontré plus bas les dangers d'un changement de principe d'ordre social, et la nécessité où se trouvent les sociétés de conserver avec constance les lois du passé, fortifiées par l'expérience, persuadé que nous sommes qu'il en serait des opinions comme des doctrines, et que le même désordre doit surgir de leur diversité.

Dans l'égarement où se trouvent les esprits, nous avons tout rapporté à l'intérêt de conservation, persuadé que le mot seul de devoir serait capable d'éloigner ceux à qui la lecture de notre titre pourrait donner envie de connaître notre ouvrage, nous les prévenons d'avance.

DE

LA MONARCHIE

ET

DE LA PROPRIÉTÉ.

Tout le monde sait ce que c'est que le pouvoir, ce que c'est que la propriété; mais tout le monde n'a point arrêté ses idées sur les rapports divers qui existent entre ces deux choses. L'objet de cet écrit est de signaler les plus importantes.

Il est deux manières de posséder: on possède légitimement ou illégitimement, le pouvoir sur une, plusieurs ou un grand nombre de choses ou de personnes. La première de ces manières de posséder constitue un droit, parce que posséder légitimement, c'est posséder en vertu de la loi de justice; posséder illégitimement constitue une usurpation, c'est posséder au mépris de la loi de justice.

Qu'est-ce que la légitimité? Telle est une question qui se reproduit sans cesse, que peu de personnes savent ou veulent résoudre. D'où naît la difficulté? Sinon d'une foule de principes erronés semés dans la société, autant que du désavantage du point sur lequel on se place pour l'envisager. On veut trouver en elle l'existence d'un droit inhérent à la nature de l'homme, tandis que ce droit est inhérent à la nature seule de Dieu.

Nous voulons traiter ensemble la question de la légitimité et celle de la propriété; ce parallèle sera un moyen de contempler sous un plus grand nombre d'aspects ces deux importans objets.

Un grand nombre de personnes, animées de sentimens louables d'indépendance, importunées du joug de l'homme, prétendent que nul d'entre eux n'a le droit de commander aux autres, et d'exiger qu'on lui obéisse; que l'homme appartient à Dieu, ne doit obéissance qu'à lui : tel est le principe de droit divin. D'autres prétendent que les hommes doivent obéissance seulement à celui ou à ceux qu'ils ont rendus dépositaires de leur volonté; tel est le principe de la souveraineté du peuple. On s'entendrait facilement si au lieu du mot *droit* on employait celui de *devoir :* nulle personne ne refuserait d'admettre le principe de la souveraineté de Dieu, et de reconnaître l'existence de ses devoirs envers lui.

Dieu, en créant l'homme, lui a donné les moyens de se conserver et de développer ses facultés, afin d'améliorer sa condition; il a déposé ses moyens dans la société, et l'homme reçoit par elle, par les traditions, les témoignages, l'écriture, la révélation, la communication des devoirs qui lui sont imposés, la connaissance des moyens propres à les remplir.

L'homme n'est point indépendant; le sentiment de sa dépendance est réveillé en lui à chaque instant de sa vie : il dépend de Dieu, il dépend des hommes, il dépend des choses; et, comme toute chose a sa loi, l'homme a la sienne; il ne dépend pas de lui de la transgresser. L'homme vit, se conserve, se développe et meurt sans pouvoir échapper matériellement à la loi de Dieu, ainsi que toute chose. Il a des devoirs nombreux; lorsqu'il les a remplis, il lui reste la liberté; c'est dans cette sphère qu'il se meut pour parvenir à une perfection plus grande. Ces moyens lui sont encore communiqués par la société.

La société humaine la mieux constituée est celle qui est soumise à la religion la meilleure. La principale condition de son excellence est d'avoir pour objet l'union, l'unité. Nous ne pensons pas qu'un meilleur principe d'union puisse exister que celui de la soumission à l'autorité, à la plus grande autorité; savoir, autorité des traditions, autorité des témoignages, autorité du genre humain; par suite, nous trouvons que la religion chrétienne, qui s'appuie sur ces autorités et qui réunit le plus grand nombre de croyances, doit raisonnablement être la meilleure; qu'elle est cette loi conservatrice que Dieu a donnée à l'homme, loi unique, loi naturelle, à laquelle tous les hommes doivent obéir.

Nul philosophe ne s'élève contre ces assertions; savoir, que toute vérité est renfermée dans la religion chrétienne; que les chrétiens sont les peuples les plus avancés dans la civilisation; qu'ils ont connaissance d'un plus grand nombre de vérités. Ce serait donc dans la religion que nous dèvrions trouver les vérités que nous cherchons sur l'origine de la propriété, et sur les garanties naturelles que les hommes doivent se donner réciproquement. Nous pensons que ces garanties se trouvent, non dans la société, mais hors de la société. Nous ne déclinons pas le principe humain sur lequel on la place, c'est-à-dire l'intérêt réciproque; mais nous reconnaissons ce principe comme une conséquence d'un principe plus élevé.

On voit que nous considérons la légitimité du pouvoir exercé sur les sociétés par des hommes, comme une conséquence naturelle d'un pouvoir qui ne leur appartient pas et qu'ils doivent respecter.

Nous considérons la légitimité du pouvoir, comme nous considérons l'appel judiciaire consacré par nos lois. Si nous ne reconnaissions pas un pouvoir indépendant qui nous rendît la justice que nous réclamons; si une autre juridiction ne nous était offerte comme un tribunal d'appel, nous ne serions pas satisfaits. La légitimité, considérée comme pouvoir, hors de l'atteinte de la volonté des hommes, est le dernier degré de juridiction de l'humanité; il est pour nous le dernier asile du malheur et de l'infortune sur la terre; comme la justice suprême, appliquée par Dieu même, est le tribunal en dernier ressort, où nous avons la certitude de trouver ce qu'il n'appartient pas toujours aux hommes de dispenser, c'est-à-dire un jugement basé sur la stricte et sévère équité.

Il y a plusieurs sortes de propriétés : la propriété foncière, la propriété mobilière, la propriété industrielle. Nous ne parlons pas ici des garanties naturelles pour la vie et la liberté que les hommes doivent trouver dans la société; les recherches que nous faisons au profit de la propriété en général embrassent ces deux importans objets.

On possède à plusieurs titres; savoir, à titre gratuit, à titre onéreux, à titre d'usage, de faculté d'aliénation, de transmission, selon un mode que l'on prescrit. La propriété industrielle est possédée aux mêmes titres, dans quelles mains qu'elle puisse se trouver, soit celles qui l'ont créée ou inventée, soit celles de celui qui a pu l'acquérir par l'effet d'une concession volontaire et légitime, ou même par l'effet d'une usurpation.

Le sol d'une nation, l'industrie des habitans qui la composent, forment en masse la propriété.

Ces propriétés forment la richesse. Pour garantir ces richesses, il est besoin d'un protecteur. Quel sera ce protecteur? Naturellement celui qui aura la puissance capable d'offrir cette garantie. Cet homme, Dieu l'a-t-il donné à la société? ou la société a-t-elle le droit de le créer elle-même? Quel est le devoir de l'homme? de la société? L'obéissance aux lois de Dieu. Chaque société a une connaissance plus ou moins parfaite de ces lois. Elle peut être sans chef, mais elle n'est jamais sans lois; elle doit trouver en elle les moyens de suppléer un chef s'il vient à lui manquer: circonstance qui forme une véritable utopie, puisque toute société est toujours naturellement constituée, et n'éprouve pas de dissensions par l'effet d'un défaut de chef, mais bien par l'intrigue et les menées de ceux qui ont la prétention de le devenir. L'élection est au nombre des moyens que les sociétés peuvent employer pour suppléer au défaut de chef. En élisant ce chef, ce protecteur, elles posent un principe; ce principe doit renfermer, au profit de la société; savoir, garantie de puissance, garantie d'ordre, garantie de durée. Une fois élu, ce protecteur, cet homme principe, doit demeurer fixe, afin que la fixité du principe soit une garantie de fixité pour la société; sinon la société est menacée de nouveau. Ce principe de fixité est aussi un principe d'ordre et de puissance, par cela seul qu'il est fixe. C'est ainsi qu'une monarchie héréditaire, où le principe de fixité est immuable, trouve ordre, développement, repos, une prospérité croissante; tandis que la monarchie élective ne trouve que désordre, variation, faiblesse, incertitude; et par suite nul développement, nulle paix, nulle prospérité.

Nous devons obéissance au chef de la société, comme il doit lui-même obéir à un pouvoir plus élevé. Nous devons trouver en lui protection, sûreté, garantie, soit la société en général, soit nos personnes, soit nos familles, soit nos propriétés.

Les choses matérielles en général ont un maître : quel sera ce maître, sinon celui qui a la force de les garder, et la volonté de les posséder ?

La vie de l'homme est-elle sa propriété ? les

richesses qu'il possède le sont-elles mieux? a-t-il lui-même la force nécessaire pour les mettre à l'abri de l'usurpation? Telles sont des réflexions qui viennent souvent dans notre esprit; aussi l'homme a-t-il cherché en lui des garanties pour toutes ces choses. Les a-t-il trouvées? La doctrine de l'intérêt ne les donne qu'imparfaitement; mais une doctrine plus sage, plus parfaite, veille sur ce qu'il importe le plus qu'il conserve, selon la destination qui a été donnée aux hommes comme aux choses ici-bas. L'expérience démontre que tous nos calculs, quelque justes qu'ils puissent être, sont détruits, s'ils ne rentrent pas dans le système général du monde.

M. Benjamin Constant l'a reconnu comme nous dans son ouvrage sur la religion *, lorsqu'il dit que la doctrine de l'intérêt bien entendu repousse la doctrine de l'intérêt bien entendu. Il ne reconnaît donc, comme nous, qu'une seule doctrine, celle des devoirs, dans laquelle se résument toutes les actions humaines.

* Préface.

Descendons dans une sphère moins élevée, et sans décliner la doctrine du droit divin, sans lui opposer la doctrine de la souveraineté du peuple, faisons ressortir les avantages et les dangers matériels que peut obtenir ou craindre la société, en adoptant ou repoussant certaines formes de gouvernement.

Il est deux sortes de gouvernemens : le gouvernement monarchique et le gouvernement républicain. Laissons ce dernier, et n'agitons que cette partie de la question sous l'influence de laquelle s'agite le monde aujourd'hui; savoir : si la monarchie élective est une forme plus avantageuse au bien-être des sociétés, que la monarchie héréditaire.

La monarchie élective ne présente au profit des sociétés que peu de garanties. Le défaut de garanties résulte du défaut de rapports entre le présent et le passé. La possession ou l'exercice antérieur de la jouissance de la propriété particulière d'une personne ou d'une famille, ou l'exercice du pouvoir qu'une personne ou une famille exerce sur la société, ont chacun à la fois, pour la société et pour la famille, des rapports nombreux. Le présent est la garantie naturelle de l'avenir, comme le passé l'a été du présent. Si l'on ne tient compte du passé, on ne saurait même imaginer le présent. Le passé est un acheminement à la connaissance de l'avenir; c'est la voie naturelle qui nous y conduit : le présent est le point qui les lie tous deux.

La monarchie élective qui n'a pas de racine dans le passé ne saurait garantir l'avenir : c'est sans doute un des attributs les plus chers à ses partisans.

La monarchie élective est le corollaire du désordre. Le souverain ne peut être électif, et la constitution durable. Une aristocratie forte, comme le serait l'aristocratie anglaise, pourrait garantir peut-être, à l'aide d'un long passé, la durée d'une telle monarchie. L'Etat trouve naturellement des tuteurs dans l'aristocratie. Il n'en est pas de même dans la démocratie, les passions y sont toutes déchaînées; dans l'interrègne, elles ne trouvent nulle contrainte; chacun attend cet instant comme un moyen de fortune, s'y prépare, anticipe souvent l'époque fixée par le destin par des attentats dont les annales de ces monarchies sont souvent souillées.

Quelques personnes nous diront peut-être que cette fixité que nous recherchons, n'est qu'au profit de quelques familles; que le grand nombre n'y trouve aucun avantage. Nous pensons que la société à cette époque demeure dans un état bien long de souffrances : l'état d'émotion où elle est alors, au lieu de lui être nuisible, lui deviendrait utile, s'il était une époque fixe et assurée pour une amélioration de sa condition; mais descendant dans la société, parcourant en détail toutes les classes qui la composent, loin d'y trouver, soit dans le temps de l'interrègne, soit après, des améliorations, nous trouvons au contraire des souffrances nombreuses qui produisent les crimes et les misères : quel heureux avenir peut-on entrevoir à la suite? si ce n'est une altération dans la morale et la dissolution des mœurs. Les passions contenues dans ces sortes de monarchies pendant la vie du souverain, fermentant sans cesse, elles brisent tous leurs liens quand il meurt : chacun s'agite dans la sphère dans laquelle il se trouve placé, s'il voit à sa portée quelque espoir de fortune. Les grands s'agitent pour la couronne, les petits pour obtenir d'autres avantages : aucune chose n'a une valeur, qui ne devienne l'objet d'une convoitise particulière. Si la couronne est l'objet seul que l'on se dispute dans une aristocratie, dans une démocratie, avec la couronne on se dispute pour obtenir des terres; les partis s'attaquent, se divisent, se subdivisent; l'un triomphe, terrasse l'autre et le dépouille : rien n'est garanti à cette époque. Je parle aux propriétaires et dans leurs intérêts; je parle à la fois à tous les hommes qui font partie d'une société quelconque. La propriété territoriale, la propriété industrielle ne sont que des objets naturels auxquels l'usage a donné un prix, dont les lois appuient la possession. La vie de l'homme, sa maison, jusqu'à la marmite dans laquelle il prépare sa nourriture, appartiennent à celui qui a la force de les ravir. Si la justice humaine consacre un droit, ce droit cède, selon la doctrine de l'intérêt, au plus fort, au plus adroit, au plus astucieux, au plus cupide : il en est autrement selon la doctrine des devoirs; mais les passions n'en tiennent pas compte; et c'est un calcul d'intérêt que nous faisons, le devoir ne saurait y trouver place. Si l'intérêt consacre l'élection, c'est-à-dire la faculté de choisir celui que, selon notre bon plaisir, nous jugeons propre à nous procurer les avantages sociaux que nous désirons, ce principe de l'intérêt posé, en vertu duquel nous agissons, nous prescrit que nous devons agir conformément à cet intérêt, non seulement en élisant un souverain, mais encore en agissant toujours conformément à cet intérêt, pour nous procurer tout ce qui nous est avantageux. Or, nous légitimons par l'élection tout moyen qui nous procure des avantages : de cette sorte l'élection devient un acte qui légitime tout changement dans les lois, dans les mœurs, dans les usages; les passions dirigées par l'intérêt ne sauraient avoir de limites que celles de l'intérêt.

Appliquerons-nous la doctrine des devoirs à la monarchie élective qu'elle semble repousser? cette doctrine nous paraît insuffisante pour garantir à la société un avenir bien long, pour la garantir contre les passions qui se meuvent dans l'interrègne : si elles lient par le serment le peuple au souverain, ce serment est précaire, et son effet ne s'étend pas au-delà des limites de la vie de l'homme ou d'un règne.

Telle est la différence qui existe entre une monarchie élective et une monarchie héréditaire, que chacune représente un principe contraire : la monarchie élective représente et consacre l'instabilité des institutions sociales, la favorise; la monarchie héréditaire représente et consacre la stabilité, met les institutions sociales à l'abri des passions.

C'est à la classe industrielle que je m'adresse : je lui demande si, lorsque la société est en état de fermentation, elle permet au spéculateur de se livrer à ses calculs de négoce; si l'ouvrier ne demeure pas privé de travail; si tous les hommes dont l'industrie est la seule ressource n'éprouvent pas des souffrances, n'essuient pas des pertes? Si la société tombait en dissolution; ou, ce qui est la même chose, si la propriété foncière venait à être divisée, morcelée, pense-t-elle que la propriété industrielle ne subirait pas les conséquences de cette dissolution? Chacun, dans ce cas, serait obligé de labourer la terre pour en tirer sa subsistance; il n'y aurait plus de pauvres, il est vrai, mais il n'y aurait plus de riches qui dispensassent les richesses; tout serait confondu, la société deviendrait l'image d'un chaos.

Dans une société, il faut des hommes de tout état, de toute profession : les passions doivent avoir une extension suffisante pour communiquer la vie, mais point assez pour briser les liens naturels ou conventionnels qui existent sous l'influence d'une bonne morale.

L'élection du roi met en problème l'existence du peuple, non seulement à tous les interrègnes, mais à chaque instant de la période du règne, parce que le peuple, ayant donné la couronne, est toujours le maître de la reprendre. J. J. Rousseau l'a proclamé : « La souveraineté est inaliénable. L'élection est la souveraineté du peuple appliquée à l'état social. Le peuple peut ne plus vouloir demain ce qu'il a voulu aujourd'hui : un caprice, une parole peuvent changer la face de l'Etat. Ce souverain, objet d'amour aujourd'hui, demain ne sera plus qu'un objet de haine; le respect que l'on avait pour lui se trouvera transformé en dérision et en mépris. Que l'on calcule maintenant combien devient précaire l'existence d'un pays à la chute du trône! toutes les conditions sociales semblent frappées à la fois; la société semble être déshéritée de tout avenir : autour d'un trône gisent à la fois des espérances et des craintes; dans sa chute on trouve des ambitions déçues, des calculs commerciaux entravés ; n'est-ce point assez des révolutions et des discordes inévitables et naturelles qui affligent un pays, sans en ajouter de factices et de surnaturelles ? »

La doctrine de la souveraineté du peuple est destructive des avantages du peuple ; c'est la doctrine de l'intérêt placée en face de la doctrine des devoirs ; c'est la souveraineté de l'homme, placée devant la souveraineté de Dieu.

L'expression de *souverain par la grâce de Dieu*, placée en tête de tous les actes du gouvernement, est, en peu de mots, la consécration de la maxime conservatrice de l'hérédité du trône, au profit du peuple ; celle de *souverain par le vœu du peuple*, est la consécration de la maxime destructive des avantages du peuple, résultant des caprices de chacun : c'est l'expression de la stabilité d'un état permanent de désordre, dont l'objet est de favoriser les passions de tous, soit en donnant à chacun l'espoir de devenir lui-même l'objet de l'élection, soit en lui fournissant les moyens de s'élever à des dignités supérieures, ou obtenir des places qui satisfassent sa cupidité, en se rattachant à quelques personnes qui peuvent le devenir. Lorsque les empires se forment, dit M. de Chateaubriand, le mode d'élection devient quelquefois nécessaire; il s'agit d'élire un chef : comment se déterminer parmi tant d'êtres égaux? Le mode d'élection est un mode qui n'afflige personne * : aujourd'hui peut-être il en consolerait beaucoup.

La conséquence naturelle de l'élection est l'instabilité dans toute décision légale; instabilité dans les droits acquis; instabilité dans les volontés particulières; instabilité dans les transactions de famille; instabilité dans le mode de jouissance des propriétés de tout genre; instabilité dans les usages; instabilité dans les mœurs; instabilité dans la religion : que l'on ne dise pas que le trône peut être électif et toute chose fixe : l'on ne peut scinder le principe : si le peuple peut, en vertu du droit qu'on lui reconnaît, déposer un souverain, dans son intérêt, ou selon son bon plaisir, il pourra disposer de toute chose, s'emparer de ma propriété, de ma maison, du fruit de mon travail : qui est-ce qui aura le droit ou la force de l'en empêcher? L'élection, dit

* *Esprit des Lois*. Montesquieu.

M. de Chateaubriand, est toute une constitution : cet état est l'instabilité, c'est-à-dire, la consécration du principe révolutionnaire.

Les bases sur lesquelles repose le pouvoir sur les sociétés sont les mêmes : l'instabilité dans ces bases ne peut consacrer que l'incertitude, la défiance, le trouble. J'ai souvent ouï dire que des édifices nouveaux, qui avaient coûté beaucoup d'argent à ceux qui les avaient élevés, ne pouvaient subsister parce que les bases en étaient mal assurées : les voisins demandaient que ces édifices fussent renversés; les propriétaires eux-mêmes n'osaient les habiter : que doit-on faire en ce cas? faire abattre ces édifices et les faire reconstruire sur de meilleures bases. En serait-il de même d'un gouvernement basé sur l'élection? Hélas! l'aspect du sort de la Pologne peut, chez les modernes, servir d'exemple; les voisins seuls l'ont renversée et s'en sont partagé les dépouilles : peut-être le même sort est-il réservé à bien des empires!

Qu'a-t-il manqué aux Polonais pour triompher des Russes dans leur dernière lutte aussi glorieuse que terrible? Ce n'est ni la valeur, ni l'audace : tous les moyens de résistance que les hommes peuvent accumuler, ils les possédaient. Ces derniers efforts d'une aristocratie valeureuse n'ont été infructueux que parce qu'il manquait aux bases de la constitution de cet Etat, la consécration du principe de la monarchie héréditaire. La Pologne dans l'Europe monarchique était comme ces grands vacans sans maître que l'on trouve çà et là, que l'on nomme *terres vaines et vagues;* parce que sans doute, dans la distribution plus ancienne que l'on en fit, nul n'avait voulu les recevoir en partage. La Pologne avait beaucoup de maîtres, il est vrai; mais elle n'en avait pas d'assez forts pour la faire respecter; qui pussent résister à la puissance des princes des Etats qui l'entouraient : la rivalité qui existait entre les seigneurs, les rendait habiles à se défendre contre des agressions partielles de chacun d'eux : les moyens de résistance ou d'attaque rendaient l'art militaire, le courage, la force, l'adresse, les vertus principales des Polonais; et l'expérience démontre combien ils avaient porté loin l'art de la guerre! que leur manquait-il donc pour triompher des Russes? Cet écrit peut servir de réponse : la Pologne est tombée; mais ses débris encore fumans se relèveraient sans efforts, si les Piast ou les Jagellons avaient laissé pour héritage à ce noble pays une loi qui consacrât le principe de l'hérédité de la couronne!

La couronne de Pologne était élective: on y a vu l'élection du roi subsister, dans le même temps où l'ordre, la paix, les arts, le commerce faisaient de cet État un pays dont tous les voisins pouvaient envier le sort; une aristocratie forte procurait ces avantages: le désordre ou l'anarchie n'existait que dans l'interrègne, et ces maux étaient étrangers aux intérêts des classes inférieures de la société qui demeuraient spectatrices de tous les débats, sans y prendre d'autre part que celle que les seigneurs leur prescrivaient d'y prendre. Le sort de celles-ci n'était jamais meilleur: ces débats fatiguaient les peuples; cependant la mauvaise condition à laquelle ils étaient condamnés leur faisait supporter l'état de trouble dans lequel ils trouvaient momentanément un peu plus de liberté: leur appui devenait nécessaire aux seigneurs, et la guerre qu'ils se faisaient réciproquement, et à laquelle les paysans prenaient part, faisait diversion au dur esclavage dans lequel ils avaient langui. Lorsque les empires qui avoisinent la Pologne sont devenus plus vastes, et que leur puissance est devenue plus prépondérante; d'aussi grands intérêts que ceux d'une couronne n'ont été débattus que dans de grands cabinets: les prétendans qui se trouvaient réduits à subir la loi qui leur était imposée par les grandes puissances, devenus indifférens sur le sort de ce royaume, ont assisté froidement au partage qu'elles en ont fait. La Pologne a manqué de voix pour revendiquer ses droits: un prince souverain au même titre que les rois et les empereurs qui l'entourent eût été plus fort que les armées qui sont tombées victimes des plus nobles sentimens.

La Pologne nous a appris ce que peut dans la destinée des empires une aristocratie lorsqu'il s'agit de revendiquer ses droits: les Polonais ont su combattre et mourir. L'expérience démontre que la démocratie n'est pas capable de pareils sacrifices. Les intérêts sont trop multipliés pour former une ligue puissante: elle donne la vie, s'agite sans cesse, elle peut beaucoup pour détruire, elle ne peut rien pour édifier; son sort est d'être comprimée dans toute forme de gouvernement; toujours elle l'a été. Rome et la Grèce ne sont pas des exceptions, les institutions paraissaient favoriser dans ces états les intérêts de la classe plebeïenne; mais une lecture plus profonde de l'histoire, des recherches plus multipliées sur les mœurs des habitans de ces contrées nous persuadent que l'influence des grands dominait dans toutes les décisions importantes. La démocratie n'a pas donné des preuves de son aptitude à gouverner et à défendre son sol; sans doute elle est susceptible, lorsque l'on sait l'agiter avec art, de produire des effets, nous en avons des preuves; mais elle ne saurait rien organiser de stable : que peut-elle faire ? La guerre? cherchons à découvrir les hauts faits de la démocratie ; les guerres de la république romaine, celles des barbares qui vainquirent les Romains, les guerres des vainqueurs de l'empire romain n'étaient pas des guerres entreprises par l'aristocratie. Nous conviendrons encore, si l'on veut, que les guerres de la révolution, celles non moins glorieuses de Napoléon, sont des guerres qui appartiennent à la démocratie ; je demanderai ce qu'il en est demeuré? On me montrera la colonne, les belles pages de l'histoire ; nous pleurerons sur les destinées d'un pays dont la prospérité excita la rivalité de ses voisins. Paris aurait-il le sort de Rome ? Serait-il destiné, comme cette capitale du monde, à contempler autant de fois l'aspect farouche et barbare de ses vainqueurs ? La guerre est l'art de détruire et la démocratie est apte à de tels faits; qu'on ne pense pas que je demeure froid spectateur du trophée de nos victoires, mon œil contemple avec satisfaction les traits de nos vaillans guerriers sur l'airain qu'ils surent arracher des mains de nos ennemis, et mon cœur palpite en songeant aux instans d'ivresse et de bonheur qu'excitait la voix du génie qui dirigeait leurs bras.

Dans un gouvernement où les lois favorisent, autant qu'elles le font en France, la démocratie, l'élection du roi donne à la société l'alternative toujours fimeste d'être placée sous le despotisme d'un seul, ou sous le despotisme de tous. Ce dernier. se résout toujours par l'expression d'une volonté unique et passagère qui, à son tour, est dans l'alternative d'être conservatrice ou destructive.

Le pouvoir, sous quelle forme qu'il se montre et dans quelles mains qu'il puisse se trouver, finit toujours par se fixer; mais l'époque trop retardée de l'instant de sa fixité produit des maux incalculables dans la société durant la période où il demeure flottant.

Nous devons respecter le droit légitimement acquis d'un souverain, pour qu'à son tour il respecte ou garantisse la possession légitime de nos biens; nous devons avoir des craintes lorsque la légitimité de la couronne cesse d'exister bien plus encore que si nous étions témoins de la violation de la propriété d'un particulier qui possède au même titre que nous.

La propriété du sol de la France ou de toute société européenne, est sous la sauve-garde du souverain légitime, soit empereur, roi, sénat ou pouvoir, c'est-à-dire, de celui ou du corps qui a mission et force pour garantir, comme la propriété privée est sous la sauve-garde de celui qui en jouit et qui a mission et moyen de la cultiver et de la garder; ils sont tous deux possesseurs au même titre et les conditions de légitimité sont à peu de chose près les mêmes. Pour qu'il soit souverain légitime, il faut qu'il offre les garanties suivantes, savoir : 1° la délégation, que nous considérons comme une conséquence de l'application qu'ont faite lui ou les siens de la justice; 2° la force acquise par l'exercice du pouvoir et de la justice. Ces deux conditions indiquent que la volonté suprême le considérait comme son interprète, comme son délégué ; celui-ci est souverain de droit, un autre peut être souverain de fait; quelles circonstances peuvent rendre ce dernier souverain de droit? 1° une réputation et une capacité capables d'inspirer de la confiance à ses peuples; 2° la confiance qu'il inspire aux sociétés voisines ; 3° le sceau du temps : quel sera le temps moral qu'il faudra pour faire un souverain de droit ? Cette question est de nature à ne pouvoir être décidée d'une manière absolue ; on sent que les circonstances doivent modifier les conditions du terme. Nous avons vu bien souvent la capacité d'un souverain fixer et légitimer à jamais dans quelques années le pouvoir dans sa famille, comme nous avons vu au bout d'un très-long espace de temps la souveraineté retourner aux mains d'une famille absente d'un trône sur lequel elle avait été placée.

Quelques personnes repoussent ce qu'elles appellent le préjugé injurieux et barbare de la naissance qu'une famille, ou plusieurs familles, exercent sur la société, ces distinctions ou ces notabilités forment l'aristocratie : ils remontent à la loi naturelle pour y trouver le principe d'une égalité plus grande, et prétendent faire une classification, telle que nul n'exerce dans la société d'autre influence que celle du cens. Par leurs calculs ils veulent fixer le pouvoir en leurs mains. Cette théorie n'est autre qu'un calcul erroné, une illusion dont quelques orgueilleux ont fasciné leur imagination; leur calcul, au lieu d'être destructif du préjugé qu'ils repoussent, en est au contraire conservateur ; ce préjugé paraît sous une autre forme: au lieu d'exercer par les grandes propriétés une influence, il l'exerce par les petites.

L'hérédité ou le droit de transmettre à nos descendans les biens que nous possédons, n'est point un préjugé social, mais une loi naturelle. Il faut renverser tous les rapports existans pour considérer les choses autrement. Pourrait-on considérer comme un préjugé cet amour qui se transmet de génération en génération, et qui se remarque non seulement dans l'espèce humaine, mais chez les animaux? Les besoins du faible réclament les secours du fort, le fort les donne sans contrainte : le père seul ou la mère dénaturés refusent assistance à l'être auquel ils ont donné le jour. Une loi non moins naturelle est celle de l'assister durant leur vie et de favoriser par un sentiment tout aussi naturel sa conservation après leur mort.

Un peuple chez lequel le préjugé de naissance, c'est-à-dire la loi qui permet au père de transmettre ses biens à ses enfans, n'existerait pas, serait inhabile à tout développement d'industrie ; chez lui l'intelligence demeurerait engourdie, ses goûts restreints, et ses caprices seuls détermineraient toutes ses actions. La loi de transmission de la propriété est une loi de vie ; elle prend naissance dans la sympathie naturelle et nécessaire des êtres, elle en est conservatrice. Quel serait l'homme qui voudrait se résoudre à des travaux qui fatiguent à la fois son esprit et usent sa vie, l'exposent à des dangers sans nombre, s'il ne pouvait transmettre les produits de tant de peines, de sollicitudes, de chagrins et de dangers à ceux à qui il a donné la vie ; j'en appelle à tous les pères de famille : n'est-ce pas pour leurs enfans qu'ils travaillent ? Se donneraient-ils tant de peine s'ils n'avaient à satisfaire que leurs goûts, leurs propres besoins ? Pense-t-on que ceux que leur position prive de l'espoir d'avoir des héritiers soient aussi avides, ou aussi jaloux d'accroître leur fortune que le sont les chefs de famille ?

La propriété légitimement acquise, sa transmission par héritage aux descendans de ceux qui la possèdent, à l'exclusion des autres hommes qui forment la société, est conservatrice des avantages de la société tout entière, puisqu'elle favorise le développement de l'industrie, et que, par une conséquence naturelle, elle favorise le développement des moyens d'existence d'êtres nouveaux qui doivent leur vie à un plus grand développement de moyens de conservation.

Quelques philosophes, dans leurs rêveries philantropiques, ont déploré le sort de cette partie de l'espèce humaine condamnée aux travaux les plus pénibles pour se procurer des moyens d'existence, tandis que l'autre demeure muette et froide spectatrice de ses peines et de ses travaux; ils ont désiré une répartition plus égale de biens, afin que chacun, par une loi bien naturelle, jouisse des avantages de la vie sociale à son tour. Ces rêveries bienveillantes doivent plaire à tous les bons esprits; en effet l'amélioration de la condition de l'humanité doit nous toucher; mais si tel est son sort d'exister sous tant de conditions diverses, pourquoi changer sa destination? La raison, la morale, les devoirs nous condamnent à respecter la volonté du ciel. L'état de la société doit recevoir des améliorations dans sa condition, ou sa condition doit être aggravée, selon une loi générale à laquelle elle ne saurait échapper, sur laquelle nous ne pouvons rien ; la société, en se développant et par son accroissement, distribue elle-même avec lenteur et sagesse les moyens d'être dans les nouvelles générations ; l'expérience nous démontre que la distribution des richesses et leur transmutation se font bien peu attendre : combien voyons-nous dans le cours de notre vie de fortunes renversées, d'autres qui s'élèvent, les premières par l'effet d'une mauvaise gestion, les secondes par l'effet de calculs sages ou une économie bien entendue? Oui sans doute, il est satisfaisant d'espérer que le pauvre peut entrevoir pour sa lignée une fortune qui la place dans une condition meilleure ; comme il est pénible à un chef de famille qui est dans l'aisance d'entrevoir la possibilité de voir tomber dans une condition misérable ceux qui viendront après lui.

La propriété foncière ou la propriété industrielle ne sont pas les seules que les hommes transmettent à leurs descendans. Tout père de famille a un héritage plus ou moins précieux à transmettre, et certes le plus à envier n'est pas celui de la fortune! Peut-être la corruption des mœurs peut nous égarer au point de nous le faire considérer ainsi; mais en arrêtant nos idées sur ce point, la réflexion nous persuade de la fausseté de cette manière de voir. Quel père interrogé sur ce point, répondra qu'il préfère laisser à ses enfans une grande fortune qu'une excellente réputation? *Bonne renommée vaut mieux que ceinture dorée*; nous n'avons à nous plaindre que de l'oubli du précepte consacré par le proverbe. Un nom sans tache, une bonne réputation, sont des héritages qu'il n'est pas au pouvoir des hommes d'ôter à ceux qui en sont pourvus: avec de tels biens, la carrière de la vie se trouve ouverte devant ceux qui nous succèdent; ils peuvent la parcourir avec honneur. Des services rendus, des sacrifices faits à la patrie, de belles pages dans l'histoire, dans lesquelles se trouvent inscrits les hauts faits de notre race, sont des legs non moins précieux qu'on laisse à sa postérité. Quelques jaloux, hommes obscurs, plus intéressés qu'animés de tout autre sentiment, voudront nier la valeur d'un pareil héritage; mais l'opinion la consacre par ses respects, ses hommages et ses souvenirs : si les lois ne récompensent pas à titre de droit de telles notabilités, elle sait les en dédommager et suppléer à leurs lacunes sur ce point.

Comme il est d'usage, dans les sociétés européennes, de faire un appel dans les affaires contentieuses à des juridictions diverses, pour redresser les jugemens, qu'il existe des institutions plus élevées sur lesquelles ils s'appuient, lorsque nous avons envie de posséder une chose, nous devons en appeler par avance aux jugemens de diverses juridictions, afin d'obtenir la certitude à la fois de deux garanties, savoir, celle de notre conscience, et celle des lois de l'humanité.

Les garanties devant notre conscience se trouvent dans les lois religieuses; elles émanent de la doctrine des devoirs; les garanties devant les hommes, nous les trouvons dans leurs lois; elles émanent de la doctrine de l'intérêt.

Les hommes peuvent faire des lois conservatrices ou destructives du droit de propriété : ces lois sont des modifications qui portent plus ou moins le cachet de leur imperfection; il est néanmoins nécessaire de s'y conformer, alors même qu'elles attaquent nos intérêts matériels : comme c'est un devoir de chercher à s'y soustraire lorsqu'elles blessent les lois divines ou naturelles : nous avons des notions générales de ces lois, auxquelles nous sommes façonnés en naissant ; mais lorsque les hommes sont égarés par leurs passions, ils les méconnaissent ; ces lois sont celles qui ont servi de base à notre morale ; je veux parler des lois chrétiennes : celles-ci seules peuvent nous servir de guide ; c'est sur elles seules que sont basés à la fois nos institutions, nos droits, nos devoirs, je dis même nos intérêts matériels. Nous rencontrons ici une question de principe bien souvent agitée par nos publicistes modernes : celle où la légitimité ou justice naturelle se trouvent en présence de la légalité ou justice humaine ; quelques uns veulent confondre la légitimité avec la légalité dans l'application qu'ils en font aux intérêts de l'humanité ; mais il est bien peu d'hommes qui n'aient le sentiment de cette différence. La loi humaine peut souvent favoriser, malgré l'intention du législateur qui l'a faite, la possession d'un objet illégitimement acquis, dans l'absence où sont ceux ou celui qui en fait l'application de l'existence de preuves matérielles des causes qui rendent la possession illégitime. La loi humaine peut même aller jusqu'à sévir contre celui qui réclamerait, par exemple, un objet volé, si celui qui le réclame ne peut justifier d'une manière suffisante de la légitimité de sa réclamation conformément aux lois. Que résultera-t-il? Défaut de justice, tyrannie exercée par l'homme contre le véritable possesseur de l'objet; circonstances qui tiennent à l'imperfection de notre nature.

La loi des hommes n'est pas suffisante pour rassurer un usurpateur; mais celui-ci ne manquera jamais, au défaut des supplices et des tortures, de se rendre à lui-même la justice que les hommes ignorans de ses crimes lui réservent; peut-être que, livré à ses remords, il est en lui, au profit de la justice et de l'humanité, des instans de remords et de crainte qui le punissent mieux que ne le feraient les supplices ou la mort.

La propriété légitimement acquise a une valeur; celle qui n'est que légalement acquise a une valeur aussi; mais cette valeur est inférieure : cette différence vient, non du défaut de confiance que l'on a dans la garantie donnée par la loi à ces sortes de propriétés, mais du défaut de légitimité devant une justice plus sévère et plus exacte.

La ruse et la violence sont des moyens d'acquérir que la société punit, que la loi divine condamne. Pour une foule de personnes, posséder sous la protection de la loi, quel que moyen qu'on ait employé pour obtenir la possession, est posséder justement : la sanction de la justice des hommes leur suffit. Une foule d'autres veulent posséder à plus juste titre. Les lacunes des lois humaines sont grandes; combien n'y aurait-il pas de moyens d'échapper à la loi des hommes, pour se procurer les biens que l'on désire, si l'on n'était arrêté par des lois plus parfaites que la leur?

Les moyens d'acquérir ne sont pas aussi nombreux que bien des gens le pensent; si la protection de la loi humaine est suffisante pour mettre notre intérêt à couvert, elle ne l'est pas toujous assez pour mettre notre conscience en repos.

Revenons à la garantie humaine que la propriété reçoit de la société sous le gouvernement monarchique.

Lorsque le chef de l'État n'a pas un pouvoir

fort, sa protection est faible; il ne peut pas répondre et garantir d'une manière suffisante. La souveraineté n'est pas un vain mot; un prince souverain doit posséder tous les attributs de la souveraineté. S'il n'a qu'un vain titre, bientôt son insuffisance le rend un objet de dérision. La souveraineté est synonyme de pouvoir : pour exercer un pouvoir, il faut le posséder.

Les partisans du principe de la souveraineté nationale, dénomination nouvelle substituée à celle de souveraineté du peuple; principe illusoire, dont on ne se sert que pour en abuser, pensent que le souverain doit recevoir la loi et non la donner. S'il en est ainsi, à quoi bon un souverain? son existence est inutile, sa présence funeste; quelle unité protectrice peut-il représenter, que celle du néant? Pense-t-on que l'exécution des lois ne pourrait avoir lieu sans lui? Je ne saurais concevoir la puissance d'un souverain qui n'a qu'une délégation humaine; je le confonds avec un commis, la seule chose qui le distingue peut être les émolumens qu'il reçoit : le mot de président serait plus convenable; du moins il ne serait pas une déception : dans ce cas, la nation demeure souveraine; elle fait une loi, la renverse, élève sur le pavois un général, brise à ses pieds demain l'idole qu'elle encensait hier.

La garantie naturelle de la propriété se trouve dans un État où le prince exerce un pouvoir fort. Les conditions de sa force dépendent de plusieurs causes : nous l'avons déjà dit, nous le répétons en d'autres termes ; il doit avoir lui-même des garanties de stabilité, des garanties de force : s'il n'a pas de garanties de stabilité, la propriété sera précaire comme son pouvoir; s'il n'a pas de force, il ne pourra en empêcher la violation.

Que demandent donc au souverain ces hommes égarés, qui, malgré le grand intérêt qu'ils ont à la conservation de l'ordre, veulent un souverain qui gouverne d'après les lois qu'ils lui imposent? Cette souveraineté qu'ils concèdent est-elle réelle ou illusoire? Veulent-ils commander au peuple? veulent-ils commander au roi? Leur habileté pourrait un temps faire illusion et conserver la réalité d'un pouvoir dont ils ont investi l'objet de leur choix; mais tôt ou tard cet échafaudage sera renversé, soit par le peuple lui-même, soit par le souverain. Si l'on persuade au peuple qu'il est roi, victime du principe que l'on proclame, il ne manquera pas de vouloir faire l'essai de sa dignité comme de sa puissance. La souveraineté exercée selon les théories savantes de nos novateurs, ne lui plaira qu'autant qu'il verra des hommes sortis des rangs inférieurs qu'il occupe s'élever. S'il n'est pas satisfait, alors on verra ce que peut la brutalité des passions de la multitude, et si la société sortira triomphante de cette épreuve.

Ces hommes égarés ne voient-ils pas dans l'avenir le peu de durée de leur influence vis-à-vis du pouvoir lui-même; quelque faible qu'il soit, celui qui a le commandement des forces de terre et de mer, et qui sait conduire une armée à la victoire, saura bientôt obtenir par la force un pouvoir qu'une aristocratie éphémère lui refuse aujourd'hui.

La royauté anglaise a servi de point de mire à nos novateurs : ils voient un État puissant prospérer avec une royauté en tutelle; une aristocratie antique et forte la dirige, et l'ordre se conserve en ce pays : cela est peu étonnant, sans un roi, l'Angleterre conserverait l'ordre, la force de son aristocratie lui suffirait. Il n'en est pas de même en France; le roi absent, l'anarchie le remplace. L'Angleterre et la France, sous le rapport de leur organisation politique, se ressemblent peu : les élémens qui forment surtout cette organisation sont entièrement dissemblables. L'Angleterre, outre sa royauté, a une force aristocratique qui se compose de districts, réunis d'intérêt, et protégés par un chef : chaque district forme un centre, qui se gouverne par des lois générales, comme en France, mais bien mieux par des intérêts locaux, qui font un devoir aux membres de ces districts de demeurer unis avec leur patron, auquel se rattachent une foule de fortunes particulières ou d'intérêts de tout genre qui souffriraient si la fortune du patron recevait quelque atteinte. En France, au contraire, les intérêts sont divisés, n'ont que des rapports éloignés et peu nombreux ; ce qui plaît à l'un, déplaît à l'autre : la distribution organique à l'aide de laquelle on gouverne ce pays, est une distribution conventionnelle et souvent peu naturelle : il y a un centre sans doute où les intérêts locaux sont exprimés ; mais ces intérêts, n'ayant pour les protéger que des lois générales, ne trouvent pas dans ces lois une protection suffisante; ils peuvent tout aussi bien recevoir une direction du centre commun : la capitale, sous l'influence de ceux qui entourent les chefs du gouvernement, décide souvent des plus chétifs comme des plus importans intérêts d'une commune ou d'un département : chaque ville, quelque peu importante qu'elle soit, a le sentiment de l'existence de cet abus, et se trouve néanmoins dans la nécessité de se conformer à toutes les décisions qui émanent du centre commun. Les provinces, en France, ne sont comptées que pour peu, et seulement pour obtenir d'elles des richesses pour alimenter le luxe des habitans de la capitale qui jouent à la hausse ou à la baisse dans quelques minutes des sommes qui équivalent au revenu de plusieurs années de quelques départemens. L'aristocratie, influente en France, se réunit journellement dans un magnifique bâtiment qu'il lui plaît d'appeler français, et qui, selon moi, n'a aucune des formes qui puissent être appelées nationales; elles appartiennent entièrement au siècle et au pays qui donna le jour aux Périclès et aux Alcibiades. Si les provinces étaient assez imprudentes pour déplaire aux magnifiques seigneurs qui se jouent ainsi de leurs intérêts les plus importans, elles paieraient cher leur rébellion. La force de la France est concentrée et divisible à l'infini; celle de l'Angleterre l'est sous quelques rapports; mais les franchises et les libertés diverses sont autant de forces que l'intérêt particulier augmente, et qui subsisteraient alors que le centre commun cesserait de l'appuyer ou de l'influencer. Ces petits centres, au lieu de subir le sort des intérêts matériels généraux dans les tourmentes, en Angleterre, se fortifient. Telle est la différence d'une organisation aristocratique à une organisation démocratique, que la première appuie, fortifie le centre par la force intrinsèque qu'elle possède, que la seconde, au contraire, affaiblit le milieu, et forme un tout sans solidité.

La France, sous le régime féodal, avait une aristocratie semblable, à peu de chose près, à l'aristocratie anglaise : les seigneurs anglais sont aujourd'hui vis-à-vis du roi d'Angleterre ce qu'alors étaient les seigneurs français vis-à-vis du roi de France; la seule différence était dans les assemblées chargées de traiter des intérêts généraux du pays; les parlemens, qui, en Angleterre, se rassemblent annuellement, tandis que les États-Généraux, qui sont vis-à-vis du roi ce qu'est aujourd'hui le parlement anglais, ne s'assemblaient que rarement.

Le patronage des seigneurs anglais atteint toutes les classes sociales, parce qu'il est à la fois commercial et agricole : celui des seigneurs français n'était qu'agricole; c'est une des causes de la décadence de l'aristocratie française, parce que le commerce, lorsqu'il a cessé de dépendre des seigneurs par la réunion des fiefs principaux à la couronne, a formé un intérèt distinct, séparé, indépendant ; les commerçans, augmentant sans cesse leurs richesses, sont devenus pour ceux-ci des rivaux d'autant plus à craindre, que leurs richesses leur donnaient une influence que les nobles n'obtenaient que par leurs services et leur dévouement. Si le commerce n'avait trouvé de résistance dans le caractère belliqueux des Français, il y a long-temps qu'il aurait envahi toutes les places, et qu'au lieu d'un État qui réunit la richesse à la gloire, la France ne serait plus qu'une immense banque, où tout mérite serait remplacé par des valeurs vénales.

La révolution de 1830 a été faite au profit des hautes classes industrielles : elles ont réalisé ce qu'elles considèrent comme le beau idéal des valeurs, obtenir à la fois honneurs et richesses à prix d'or : elles ne voient pas que les classes inférieures, échelonnées derrière elles, sont à l'affût d'un instant favorable pour saisir un pouvoir que la facilité avec laquelle il l'a été par elles leur a donné la pensée de tenter de saisir à leur tour. Ce n'est point à leurs richesses idéales qu'elles en veulent; l'usurpation de celles-ci ne serait qu'un passage pour arriver à une banqueroute générale qui anéantirait à la fois tout crédit, toute confiance, mais à leur propriété foncière.

La haute classe industrielle a voulu fonder une aristocratie d'un nouveau genre : les bras nombreux qu'elle employait, les riches commissions qu'elle donnait, les fonds immenses qu'elle mettait en circulation, lui ont donné une haute idée de sa puissance : avec de l'argent on produit de grands effets, mais les valeurs en circulation à la Bourse ne sont que nominales, et, pour montrer l'équivalent des fortunes des rentiers de l'État, on aurait autant de difficulté qu'en eût eu M. de Villèle pour rembourser le cinq pour cent au pair. L'aristocratie de nouvelle date est aussi fictive que ses valeurs, puisqu'elle ne repose, comme celles-ci, que sur le crédit. L'aristocratie d'un royaume tel que la France doit reposer sur des bases plus solides. Ils n'eussent pas montré des millions sur le papier, ces grands vassaux dont le nom seul blesse aujourd'hui les oreilles des aristocrates à hautes conceptions; mais ils eussent passé au fil de l'épée ceux qui auraient attenté aux jours de leur souverain; ils seraient morts pour lui, parce qu'ils savaient de quelle importance pouvait être sa vie sur la destinée de ses peuples. L'aristocratie se forme par des vertus, les vertus ne peuvent se consacrer que par leurs souvenirs historiques. L'aristocratie ne se fonde pas comme une institution de circonstance. Les sacrifices tenus en compte par l'État sont l'institution naturelle de la noblesse ou de l'aristocratie.

Le commerce ne peut long-temps être à la fois un objet d'honneur et de cupidité. L'honneur repose sur les sacrifices; la cupidité semble les exclure. La bonne foi est, nous le savons, la base du crédit; mais cette vertu, jointe à la probité la plus exacte, n'est que la partie passive de cet honneur qui tient lieu en France des vertus qui ont leur racine dans la doctrine des devoirs : cet honneur exige le dévouement, l'abnégation de soi-même ; vertus fort inutiles à ceux qui sont exclusivement livrés aux spéculations qui ont pour objet l'intérêt personnel.

La France n'oubliera pas qu'au jour du danger il sortit des rangs de cette nouvelle aristocratie un homme qui la sauva : la manière ferme et assurée avec laquelle il tient les rênes de l'État, et le silence des factions, sont des effets qu'on ne saurait attribuer qu'à sa haute capacité : trop tard désabusé, peut-être, pourra-t-il réparer des maux auxquels il n'est point étranger. Il sut appeler la gloire, elle lui a répondu ; il appellera, je le crains, trop tard, la vertu calomniée. S'il savait ramener au port le vaisseau battu de la tempête qui l'emmena sur la rive opposée, et le faire toucher de nouveau sur cette rive, la France compterait en lui un grand homme de plus ; je ne désespère pas de voir son nom inscrit comme le leur au temple de mémoire.

Revenons à la couronne élective. Le simple bon sens, lorsqu'on aura lu avec attention cet écrit, suffira pour repousser ce mode. Nous allons ajouter quelques observations qui nous ont échappé plus haut, et qui ont plus directement pour objet la gestion d'un royaume, celle de la propriété particulière; ici, nous nous occuperons du souverain spécialement.

Une couronne élective doit être l'objet d'un nombre infini de vœux, d'un plus grand nombre d'intrigues pour l'obtenir. Le mérite malheureusement n'est pas toujours l'objet de la préférence : ce sont les passions qui jugent et qui dominent dans l'élection; elles sont de très-mauvais juges. On s'entend d'ailleurs toujours mal sur les distinctions que l'on fait du plus ou moins de mérite de la personne que l'on choisit. Le mérite n'est pas une chose que l'on ne puisse méconnaître, comme le serait la taille ou la couleur de la peau; l'élection aurait quelques légers avantages, mais un plus grand nombre de dangers : on peut établir une comparaison prise dans la nature de notre sujet, entre le souverain élu et l'usufruitier. Ce parallèle pourra nous fournir quelques argumens; tous deux possèdent, exercent un pouvoir à vie. Pense-t-on que le souverain élu arrive au pouvoir avec cet amour pour son peuple, qui fait battre le cœur d'un souverain héréditaire à l'aspect des vœux qu'il forme pour sa conservation; amour que l'on peut comparer à celui d'un père de famille à la vue de ses enfans? Le souverain héréditaire passe-t-il froidement devant ces murailles antiques, aux pieds desquelles tant de braves guidés par ses aïeux ont perdu la vie en repoussant l'ennemi? ces murs, vierges d'invasion, ont été défendus par leur valeur. La vue de ce chêne antique où les siens rendaient la justice, arrête ses pas! Il le contemple, l'œil humide de larmes.

L'usufruitier et le souverain électif arrivent, l'un au trône, l'autre à la jouissance de sa propriété, sans souvenir comme sans espérance; des jouissances durant leur vie sont leurs seules perspectives; après eux le néant. Le passé n'est souvent pour eux qu'un objet de regret, et l'avenir les désespère. Cette tristesse qui les dévore et qui leur ôte tout espoir pour leur famille, n'est-elle pas partagée par le peuple? Ne contemple-t-il pas sans espoir celui qu'un souffle rendra au néant? et là où l'espoir commence pour les sujets des monarchies héréditaires à l'aspect d'un prince jeune et valeureux, les sujets des monarchies électives n'entrevoient qu'un désespérant interrègne. Tout projet s'évanouit! un avenir sombre obscurcit jusqu'à la pensée; la vie est pour le sujet et pour le monarque semblable à un tableau formé des couleurs brillantes que le souffle de l'aquilon détruira aux approches de l'équinoxe, pour ne laisser qu'une croûte usée et peut-être peu propre à recevoir les nouvelles empreintes du pinceau.

L'espoir d'élever sur le trône un homme d'une haute capacité, celui d'en voir écarté un prince faible, injuste ou cruel, sont des avantages dignes d'être appréciés; si l'intrigue et les passions ne présidaient à l'élection, on serait assuré d'obtenir par ce mode un souverain capable de régner; mais le serait-on d'avoir obtenu un bon roi? L'homme sage et modeste se cache, l'homme vain et cupide se met en évidence. Persuadé que l'élection ne peut assurer un État d'obtenir un prince digne et capable de le gouverner, je préférerais la république, où le choix des magistrats à temps ferait aux élus un devoir de plaire et de satisfaire leurs commettans. Un tel gouvernement exista l'espace de quelques siècles à Rome, et n'exista pas sans gloire.

L'affection d'un peuple pour la famille de ses rois, celle de la famille royale pour ses peuples, sont à mes yeux un gage précieux : liés par une confiance réciproque, les fautes de chacun se pardonnent par un sentiment commun d'indulgence. Ceux qui reprochent à de tels gouvernemens leur faiblesse, ne pourraient pas deux fois faire un pareil reproche à un gouvernement usurpateur ou peut-être même électif, si le principe de l'élection n'existait pas depuis long-temps.

Il en est du pouvoir sur les sociétés, comme du pouvoir sur les propriétés privées : l'expérience démontre que souvent la gestion d'un usufruitier est funeste aux intérêts de ceux qui viennent après lui, tandis que la gestion du père de famille est toujours favorable aux intérêts de ses héritiers naturels.

Il y a bien plus d'analogie qu'on ne pense entre la gestion d'une propriété territoriale et la gestion d'un royaume; le degré d'importance établit seul une différence : nous prions d'observer qu'il s'agit ici, non d'une comparaison entre un royaume et une terre, mais d'une comparaison de capacité entre ceux qui sont appelés à une gestion qui d'ailleurs est de même nature, puisqu'aussi les transactions diverses, l'emploi des hommes, le choix que l'on en fait, est commun à tous deux, mais se trouve sur une échelle de différente dimension; et que si l'on n'a pas besoin d'armée pour défendre les limites d'une terre, tout au moins on doit convenir que l'économie est une vertu qui est nécessaire à ces deux gérans.

Un souverain électif n'est point inhabile à garantir la propriété privée. L'habileté que l'on doit naturellement supposer à celui qui est l'objet du choix, l'indique; mais celui qui peut jeter un regard de satisfaction à la fois sur le passé et sur l'avenir, un souverain héréditaire ne saurait lui être comparé. Le souverain électif remplit sa mission comme un soldat; le souverain héréditaire la remplit comme le propriétaire lui-même, puisqu'il est possesseur au même titre.

L'usurpateur peut aussi garantir la propriété, son intérêt est de le faire; mais tant d'efforts pour échapper lui même au naufrage lui permettent-ils de veiller avec autant de soin que celui qui est souverain héréditaire ou souverain électif? Sa sûreté et sa gloire le touchent seules; ce n'est qu'à force d'orgueil qu'il peut subvenir à renverser tant d'obstacles qui s'opposent à ses projets.

Une nation qui repousse un principe et l'admet à la fois peut être taxée de démence : dépouillons la révolution de juillet du voile que jusqu'ici nous avons respecté, et faisons-lui la part du blâme qu'elle semble mériter. Il me suffira de renvoyer mes lecteurs aux écrits de M. de Chateaubriand, à l'opinion duquel je me fais un devoir de m'associer, d'en appeler au témoignage de la majorité d'une Chambre qui ne vit plus que dans le passé; elle a reconnu d'avance la vérité de nos assertions, en admettant le principe de la monarchie héréditaire; mais il ne suffit pas de proclamer que l'on consacre un principe pour qu'il produise les bons effets qu'on en attend. Un principe posé est semblable à une loi, c'est du temps et de l'expérience que nous devons obtenir la certitude de son excellence et de son opportunité. Peut-on aujourd'hui se persuader de vivre sous la monarchie héréditaire, alors qu'un précédent tel que celui qui existe, une révolution telle que celle qui a eu lieu, ont montré le mépris qu'on fait du principe que l'on proclame. Ils ne sont pas injustement alarmés, ceux qui regrettent, non les personnes qui sont en exil, mais qui déplorent l'oubli qu'on a fait d'un principe conservateur, pour en substituer un qui peut le devenir, il est vrai, mais que cette génération ne verra jamais offrir de garanties par ses racines dans le passé. Qu'a-t-on proclamé au 7 août, si ce n'est le principe de la souveraineté nationale et le principe de l'hérédité du trône? Ces deux principes s'excluent réciproquement. L'hérédité du trône anéantit l'effet du principe de la volonté nationale : à la vérité on a proclamé en même temps un acte de cette volonté; mais jusqu'à ce que l'on ait reconnu que le peuple n'est pas souverain et ne doit pas avoir de volonté, on doit craindre pour la stabilité qu'on a consacrée en formant la monarchie nouvelle.

La couronne de France est tombée sous les barricades du Louvre, au milieu des pavés; elle pouvait être placée sur une tête plébéienne aussi bien que sur celle de celui qui la porte, nous a-t-on dit, malgré qu'il appartînt à la race déchue. Il avait, en entendant ces paroles, le choix entre un sentiment de gloire ou de honte, aux yeux des gens de cette opinion, d'être le descendant d'Henri IV.

Puisque cette couronne est tombée, elle peut tomber encore; peut-être que les Lyonnais en eussent déjà disposé, s'ils avaient pu la saisir.

Ne nous tenons donc pas suffisamment rassurés, malgré qu'elle soit sur la tête d'un homme où se trouvent les empreintes du diadême dont pendant huit siècles les aïeux ont fait l'ornement ordinaire de leur front.

Sommes-nous menacés de voir le peuple jouer à la couronne dans la rue, comme Louis XVIII faisait jouer ses Chambres au ministère? Demeurons convaincus que la réflexion, le temps et l'expérience persuaderont bientôt aux hommes de juillet, comme à ceux de novembre, c'est-à-dire aux habitans de Paris comme à ceux de Lyon, à ceux de la France entière, que le peuple ne peut disposer d'une couronne, ni de la propriété, et qu'il doit respecter toute institution légitimée par le temps. Il est bon qu'on le sache : celui qui trace ces lignes fut associé de vœux à ceux qui s'émurent en juillet pour la défense de la liberté. La réflexion est venue, il se reproche non son premier élan, mais la pensée que cette liberté qu'il chérit et qu'il défendrait au péril de sa vie, ait pu être réellement menacée; élan glorieux, infructueux, funeste sans doute, quant au présent; son seul espoir est dans l'avenir.

Quel spectacle offre la France aujourd'hui,

si ce n'est un état d'agonie voisin d'une dissolution? L'instant de remédier à ces maux est venu : nous avons repoussé une race illustre, dont s'enorgueillissent Naples, l'Espagne, et que cette Pologne, que nous admirons, jugea digne de la gouverner. N'est-ce point insulter à ces peuples, en la répudiant? On dirait que nous sommes les ennemis des arts, des sciences, du commerce. A quelle époque eurent-ils, sans interruption, quinze ans de progrès à compter? à quelle époque la France compta-t-elle quinze ans de prospérité non interrompue? Ainsi nous répudions huit siècles de gloire : celle de Henri IV, celle de Louis XIV, et nous ne regardons derrière nous, que pour y lire les pages de notre histoire jadis considérées comme glorieuses et enviées de tous les peuples; flétries par nos dédains, bientôt on ira jusqu'à nous en interdire la lecture : on a déjà commencé de proscrire les fleurs de lis qui la décorent. Certes, nous payons cher l'erreur d'un vieillard.

Il est urgent de remédier aux maux qui nous accablent. La mitraille et les baïonnettes ont été impuissantes à Lyon : on devait s'y attendre; il ne fallait que du pain. Vous qui êtes au pouvoir, dont la voix peut retentir dans ces enceintes témoins de tant de débats, fruit, quelques uns, d'un défaut de réflexion, le temps est venu, sauvez la France de la misère, sauvez-la d'un mal plus grand peut-être, l'invasion.

J'ai signalé des dangers; il est un moyen assuré de les éviter. Ma voix s'unit à celle de l'homme de la monarchie et de la liberté. Si elle pouvait ajouter, par ses efforts, quelque chose aux accens qui ont retenti dans tous les cœurs français, je me trouverais heureux; mais cette cause est si bien défendue, que tout ce que l'on peut espérer c'est de voir triompher cet athlète puissant, et de se réjouir avec la France entière du succès qu'il peut obtenir.

Dans les circonstances pénibles où nous nous trouvons, livrés comme nous le sommes au vague de tant d'opinions, celle du peuple dont l'intérêt a droit à toutes nos sollicitudes, à tous nos sacrifices, doit avoir un organe; cet organe ne peut émaner que de lui, et comme en France autrefois, aux époques où il y avait pour le prince de grandes difficultés à surmonter dans le gouvernement, il appelait les états-généraux, ne devrait-on pas le supplier, dans celle où nous nous trouvons non moins difficile sans doute, d'assembler la nation, pour aviser au moyen de remédier aux maux qui l'accablent?

La crainte que nous avons de l'anarchie, de l'esprit de propagande de ceux qui cherchent à l'introduire, doit être partagée par les amis de l'ordre, et surtout par les souverains des Etats qui avoisinent la France; ce qui le prouve, c'est leur armement spontané lors de la révolution de juillet; s'ils n'ont pas armé dans le dessein de nous attaquer, on ne saurait nier qu'ils se sont mis en mesure de se défendre contre l'agression dont ils ont eu la crainte. Notre révolution les a effrayés: l'expérience démontre qu'ils ont eu raison: quatre trônes ont été ébranlés par la chute du trône de Charles x: pense-t-on que ces souverains ne chercheront pas à prévenir le retour de pareils dangers? qu'ils attribuent à d'autres qu'aux chefs de l'insurrection française la cause du péril auquel ils ont échappé? Ne nous faisons pas illusion, les peuples de tous les pays sont désabusés: cette propagande semée avec tant d'art ne les séduit plus ; ils ne demandent que le repos. Les souverains savent que ce repos auquel ils aspirent, ne leur sera acquis que lorsqu'ils auront éteint le feu de l'insurrection. Leurs peuples, unis avec eux d'intérêt, ont les yeux sur la France : qu'y voient-ils? l'anarchie, le trouble, la division, la misère! Tant que nous serons dans cet état ils ne sauraient nous craindre. Mais la France est forte : une couronne placée sur la tête d'un prince ami de la paix ne les effraie pas : mais le principe consacré de l'élection les effraie; ils ont quelque raison de se rappeler les guerres de la république et celles de Napoléon : ils savent ce que peut la France unie d'intérêt; et la France réunie sous un habile chef. Quoi qu'il en soit, la Pologne est vaincue; l'Italie et l'Espagne sont pacifiées; la Belgique et la France seules semblent à leurs yeux se séparer du reste de l'Europe : la division qui existe dans ces deux pays leur fournit à la fois le prétexte et le moyen de les asservir : qu'arriverait-il par une troisième invasion?.... La plume m'échappe!.... il ne nous resterait qu'à suivre l'exemple des Polonais, et nous ensevelir sous ses ruines; mais la Pologne n'avait pas, comme la France, un génie planant sans cesse sur elle, veillant sur ses destinées; il ferait entendre cette voix bienveillante aux sons de laquelle les Français revenus de leur égarement se rallieraient tous. D'aussi faibles bras ne seraient pas dans les combats d'un grand secours; mais l'ombre d'Henri IV ne manquerait pas d'apparaître aux yeux de nos braves, et la victoire couronnerait nos efforts. N'attendons pas cet instant pour nous réunir: encore une fois appelons-en au bon sens du peuple, dont nous ne pouvons vouloir compromettre les intérêts. Ces décisions devront être sacrées pour nous; c'est le seul moyen de réduire les factions au silence, et de prendre une attitude capable d'en imposer à l'Europe.

FIN.

www.ingramcontent.com/pod-product-compliance
Ingram Content Group UK Ltd.
Pitfield, Milton Keynes, MK11 3LW, UK
UKHW020955180726
13838UKWH00003B/1347

9 782329 399942